쉽고 재미있는 초등 한자 익힘책

쑥쑥 급수한자 쓰기노트

KB067036

7급 상

허은지 · 박진미 공저

J PLUS

家 집 가	間 사이 간	江 강 강	空 빌 공	口 입 구	氣 기운 기
男 사내 남	老 늙을 로	冬 겨울 동	力 힘 력	林 수풀 림	每 매양 매
名 이름 명	命 목숨 명	不 아닐 불 / 부	夫 지아비 부	夕 저녁 석	姓 성 성
少 적을 소	手 손 수	時 때 시	植 심을 식	食 밥 식	心 마음 심
然 그럴 연	午 낮 오	育 기를 육	自 스스로 자	前 앞 전	祖 할아비 조
足 발 족	地 땅 지	天 하늘 천	川 내 천	草 풀 초	秋 가을 추
春 봄 춘	便 편할 편 / 똥오줌 변	夏 여름 하	海 바다 해	花 꽃 화	活 살 활
孝 효도 효	後 뒤 후	上 윗 상	下 아래 하	子 아들 자	

*7급한자는 모두 100자입니다. 상/하 두 권으로 나누어서 익힙니다.
上下子는 쑥쑥 급수한자 8급에서 익힌 한자입니다.

🐻 차례

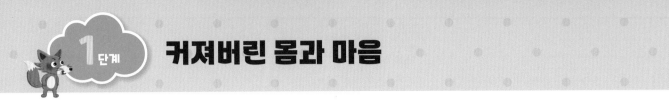
부수 手(손 수)   中 手(shǒu) 쇼우*

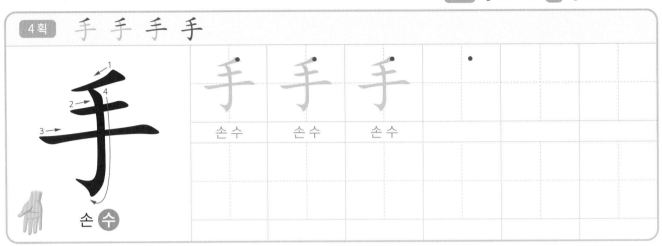

4획 手 手 手 手

손 수

手 手 手
손 수   손 수   손 수

• 拍手(박수) : 두 손뼉을 마주 침

부수 足(발 족)   中 足(zú) 주

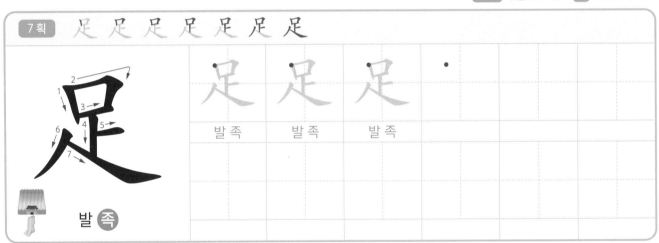

7획 足 足 足 足 足 足 足

발 족

足 足 足
발 족   발 족   발 족

• 不足(부족) : 충분하지 않고 모자람

부수 口(입 구)   中 口(kǒu) 코우

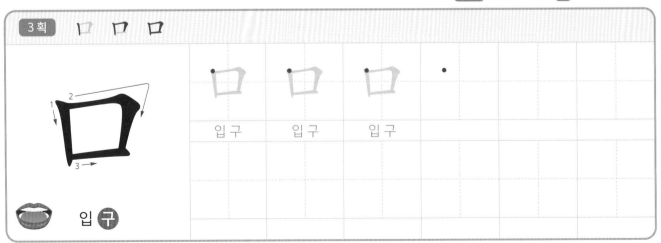

3획 口 口 口

입 구

口 口 口
입 구   입 구   입 구

• 人口(인구) : 한 곳에 사는 사람의 수

부수 心(마음 심) 中 心(xīn) 신

4획 心 心 心 心

心 마음 심 | 心 마음 심 | 心 마음 심 | ·

마음 **심**

교과서 한자어 · **安心**(안심) : 마음을 편하게 가짐

부수 食(밥 식) 中 食(shí) 스*

9획 食 食 食 食 食 食 食 食 食

食 밥 식 | 食 밥 식 | 食 밥 식 | ·

밥 **식**

교과서 한자어 · **外食**(외식) : 밖에서 밥을 사 먹음

부수 기(기운 기 엄) 中 气(qì) 치

10획 氣 氣 氣 氣 氣 氣 氣 氣 氣 氣

氣 기운 기 | 氣 기운 기 | 氣 기운 기 | ·

기운 **기**

교과서 한자어 · **氣候**(기후) : 기온, 바람, 비, 눈 따위의 대기 상태

부수 氵(삼수변 수)　中 活(huó) 후어

9획　活 活 活 活 活 活 活 活 活

活 / 活 / 活
살 활 / 살 활 / 살 활

살 **활**

교과서
한자어
· 活用(활용) : 충분히 잘 이용함

부수 口(입 구)　中 命(mìng) 밍

8획　命 命 命 命 命 命 命 命

命 / 命 / 命
목숨 명 / 목숨 명 / 목숨 명

목숨 **명**

교과서
한자어
· 人命(인명) : 사람의 목숨

부수 力(힘 력)　中 力(lì) 리

2획　力 力

力 / 力 / 力
힘 력 / 힘 력 / 힘 력

힘 **력**

교과서
한자어
· 能力(능력) : 일을 감당해 내는 힘

부수 亻(사람인 변) 中 便(biàn) 비앤

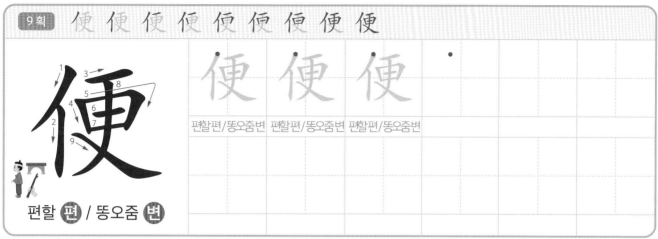

9획 便便便便便便便便便

便便便

편할편/똥오줌변 편할편/똥오줌변 편할편/똥오줌변

편할 편 / 똥오줌 변

• 不便(불편) : 어떤 것을 사용하기가 거북하고 괴로움

부수 穴(구멍 혈) 中 空(kōng) 콩

8획 空空空空空空空空

空空空

빌공 빌공 빌공

빌 공

• 空氣(공기) : 지구를 둘러싸고 있는 여러 기체

마음 심 心 손 수 手

귀 이 耳 발 족 足

입 구 口 눈 목 目

1 주어진 훈(뜻) 음(소리)에 맞는 한자를 고르세요.

① 마음 심 — 必 / 心 / 尤

② 기운 기 — 氜 / 氧 / 氣

③ 밥 식 — 會 / 盒 / 食

④ 발 족 — 足 / 是 / 定

⑤ 입 구 — 冂 / 口 / 日

⑥ 손 수 — 丰 / 毛 / 手

⑦ 힘 력 — 力 / 九 / 刀

⑧ 빌 공 — 官 / 空 / 室

⑨ 목숨 명 — 含 / 命 / 合

⑩ 살 활 — 洽 / 話 / 活

⑪ 편할 편 / 똥오줌 변 — 使 / 偶 / 便

2 다음 그림을 보고 연상되는 한자의 훈(뜻)과 음(소리)을 쓰세요.

①  펼치고 있는 사람의 손을 그린 모양

훈　　　　음

② 성을 향해 걸어가는 모양

훈　　　　음

③ 벌리고 있는 입을 그린 모양

훈　　　　음

④ 심장을 간결하게 그린 모양

훈　　　　음

⑤ 음식을 담는 용기를 그린 모양

훈　　　　음

⑥ 밥 지을 때 나는 연기를 그린 모양

훈　　　　음

⑦ 물이 원활하게 흐르는 모양

훈　　　　음

⑧ 대궐에 앉아서 명령을 내리고 있는 사람을 그린 모양

훈　　　　음

⑨ 밭을 가는 농기구를 그린 모양

훈　　　　음

⑩ 사람이 불편한 것을 채찍을 들어 바로 잡은 모양

훈　　　　음

훈　　　　음

⑪ 도구를 사용해 구멍을 만드는 것을 그린 모양

훈　　　　음

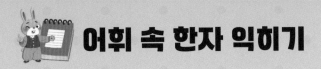

3 한자어의 뜻을 읽고 빈칸에 알맞은 한자를 쓰세요.

보기1   心   食   口   足   手   人

❶ 두 손뼉을 마주침 ➡ | 박 | 수 | ➡ | 박 | 手 |

❷ 충분하지 않고 모자람 ➡ | 부 | 족 | ➡ | 부 | |

❹ 마음을 편하게 가짐 ➡ | 안 | 심 | ➡ | 안 | |

❸ 일정한 지역에 사는 사람의 수 ➡ | 인 | 구 | ➡ | | |

❺ 밖에서 밥을 사 먹음 ➡ | 외 | 식 | ➡ | 외 | |

보기2   人   活   命   氣   空   力   便

❻ 지구를 둘러싸고 있는 여러 기체 ➡ | 공 | 기 | ➡ | | |

❼ 일을 감당해 내는 힘 ➡ | 능 | 력 | ➡ | 능 | |

❽ 사람의 목숨 ➡ | 인 | 명 | ➡ | | |

❾ 어떤 것을 사용하기가 거북하고 괴로움 ➡ | 불 | 편 | ➡ | 불 | |

❿ 충분히 잘 이용함 ➡ | 활 | 용 | ➡ | | 용 |

4 다음 밑줄 친 말에 해당하는 한자를 보기 에서 찾아 그 번호를 쓰세요.

보기
①手   ②足   ③口   ④心   ⑤食
⑥氣   ⑦活   ⑧命   ⑨力   ⑩便   ⑪空

1 나는 전우치의 명령만을 <u>목숨</u> 걸고 지킬 거야.

2 덕진이라는 아가씨가 어머니와 주막을 차려 <u>살고</u> 있었다.

3 장영실은 어렸을 때부터 <u>손</u> 재주가 있었습니다.

4 <u>밥</u>을 먹으니 이제 조금 배가 부르다.

5 <u>입</u>에 문 편지가 바람에 날려 어디론가 사라졌습니다.

6 네가 <u>발</u>을 다쳐서 병원에 입원했다는 소식을 들었어.

7 어제부터 감기 <u>기운</u>이 있어서 일찍 집으로 돌아왔다.

8 센둥이 뒤를 따라 걸어갈 때 동주 <u>마음</u>은 무척 흐뭇할 것 같아.

9 종이 할머니는 <u>빈</u> 상자를 포기할 수 없었어.

10 우리의 <u>힘</u>은 남의 침략을 막을 만하면 족하다.

11 제하가 돌아오자 나는 더욱 <u>편해졌다</u>.

틀린 그림 찾기

위와 아래의 그림을 비교하여 서로 다른 부분 10곳을 찾아보세요.

신나는 코딩 놀이

아래 **규칙** 을 잘 읽고 한자와 훈음을 연결해 보세요.

규칙

1. 빈칸을 빠짐없이 모두 한번씩만 통과해야 해요. (선이 서로 겹치면 안 돼요.)
2. 가로, 세로 방향만 갈 수 있고 대각선으로는 통과할 수 없어요.

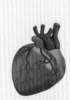

	活	足				口	
	手					便	
		命		마음 심			
살 활	목숨 명						
心			밥 식				
		기운 기			발 족	편할 편	
						빌 공	입 구
	食				空		力
			氣	손 수	힘 력		

2 단계 시간으로의 여행

부수 日(날 일) 中 时(shí) 스*

10획 時 時 時 時 時 時 時 時 時 時

때 시   때 시   때 시

때 **시**

📖 • **時計**(시계) : 시간을 나타내는 기계

부수 門(문 문) 中 间(jiān) 지앤

12획 間 間 間 間 間 間 間 間 間 間 間 間

사이 간   사이 간   사이 간

사이 **간**

📖 • **中間**(중간) : 두 사물의 가운데

부수 日(날 일) 中 春(chūn) 춘*

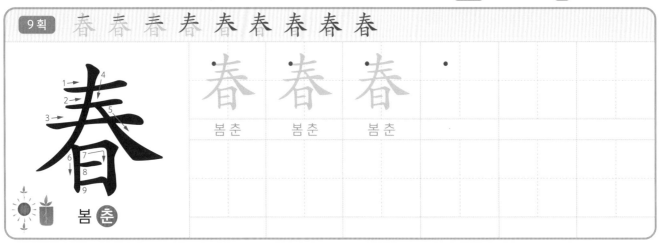

9획 春 春 春 春 春 春 春 春 春

봄 춘   봄 춘   봄 춘

봄 **춘**

📖 • **春秋**(춘추) : 봄과 가을, 어른의 나이를 높여 이르는 말

2

부수 禾(벼 화) 中 秋(qiū) 치우

| 9획 | 秋 秋 秋 秋 秋 秋 秋 秋 秋 |

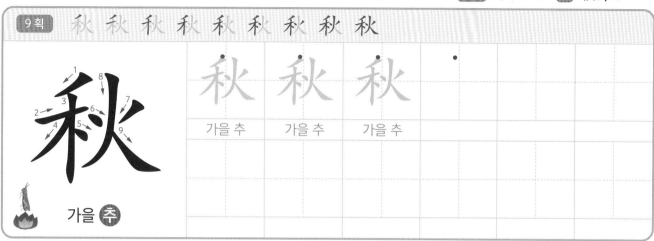

秋

가을 **추**

秋	秋	秋	˙
가을 추	가을 추	가을 추	

• 立秋(입추) : 24절기의 하나로 가을이 시작된 날

부수 夊(천천히걸을쇠발) 中 夏(xià) 시아

| 10획 | 夏 夏 夏 夏 夏 夏 夏 夏 夏 夏 |

夏

여름 **하**

夏	夏	夏	˙
여름 하	여름 하	여름 하	

• 夏服(하복) : 여름에 입는 옷

부수 冫(이수변) 中 冬(dōng) 동

| 5획 | 冬 冬 冬 冬 冬 |

冬

겨울 **동**

冬	冬	冬	˙
겨울 동	겨울 동	겨울 동	

• 立冬(입동) : 24절기의 하나로 겨울이 시작된 날

9획 前 前 前 前 前 前 前 前 前

前 前 前

앞 전　앞 전　앞 전

앞 전

• 午前(오전) : 밤 열두 시부터 낮 열두 시까지의 동안

9획 後 後 後 後 後 後 後 後 後

後 後 後

뒤 후　뒤 후　뒤 후

뒤 후

• 食後(식후) : 밥을 먹은 뒤

4획 午 午 午 午

午 午 午

낮 오　낮 오　낮 오

낮 오

• 午後(오후) : 낮 열두 시부터 해가 질 때까지

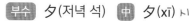
부수 夕(저녁 석)   中 夕(xī) 시

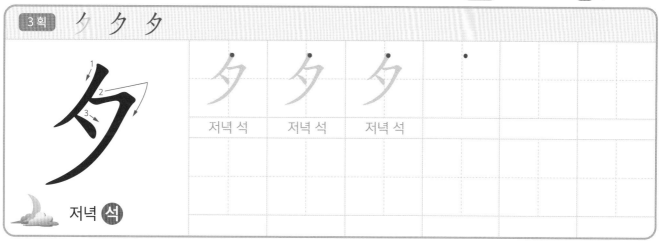

3획 夕 夕 夕

저녁 석   저녁 석   저녁 석

저녁 **석**

교과서
한자어
· 夕陽(석양) : 저녁의 지는 해

부수 毋(말 무)   中 每(měi) 메이

7획 每 每 每 每 每 每 每

매양 매   매양 매   매양 매

매양 **매**

교과서
한자어
· 每日(매일) : 날마다

나는 엄마에게
매일(每日) 사랑한다고
말해요.

1 주어진 훈(뜻) 음(소리)에 맞는 한자를 고르세요.

① 사이 간 　聞　問　間

② 여름 하 　夏　复　宴

③ 봄 춘 　袞　春　食

④ 때 시 　峕　峙　時

⑤ 가을 추 　称　秋　秩

⑥ 겨울 동 　灸　冬　务

⑦ 뒤 후 　從　復　後

⑧ 낮 오 　午　牛　矢

⑨ 앞 전 　削　前　俞

⑩ 매양 매 　海　母　每

⑪ 저녁 석 　夂　夕　歹

2 다음 그림을 보고 연상되는 한자의 훈(뜻)과 음(소리)을 쓰세요.

❶  해와 발을 그린 모양

훈   음

❷ 문틈 사이로 달빛이 비치는 것을 그린 모양

훈   음

❸  햇살을 받아 돋아나는 새싹을 그린 모양

훈   음

❹  불에 구워지고 있는 메뚜기를 그린 모양

훈   음

❺  머리와 손, 발을 갖춘 사람을 그린 모양

훈   음

❻ 양쪽 끝을 묶은 매듭을 그린 모양

훈   음

❼ 배가 앞으로 나아가는 것을 표현하기 위해 배 앞에 발을 그린 모양

훈   음

❽  족쇄에 묶인 발을 그린 모양

훈   음

❾ 절굿공이를 그린 모양

훈   음

❿  구름에 반쯤 가려진 달빛을 그린 모양

훈   음

⓫  머리에 비녀를 꽂은 여성의 모습을 그린 모양

훈   음

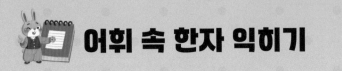

3 한자어의 뜻을 읽고 빈칸에 알맞은 한자를 쓰세요.

보기1 時　間　春　中　秋　夏

❶ 두 사물의 가운데　➡ 중 간　➡ □ □

❷ 24절기의 하나로 가을이 시작된 날　➡ 입 추　➡ 입 □

❸ 시간을 나타내는 기계　➡ 시 계　➡ □ 계

❹ 여름에 입는 옷　➡ 하 복　➡ □ 복

❺ 봄과 가을, 어른의 나이를 높여 이르는 말　➡ 춘 추　➡ □ 추

보기2 前　後　午　夕　每

❻ 낮 열두 시부터 해가 질 때까지　➡ 오 후　➡ □ 후

❼ 저녁의 지는 해　➡ 석 양　➡ □ 양

❽ 밥을 먹은 뒤　➡ 식 후　➡ 식 □

❾ 밤 열두 시부터 낮 열두 시까지의 동안　➡ 오 전　➡ 오 □

❿ 날마다　➡ 매 일　➡ □ 일

4 다음 밑줄 친 말에 해당하는 한자를 보기 에서 찾아 그 번호를 쓰세요.

보기
❶ 時   ❷ 間   ❸ 春   ❹ 秋   ❺ 夏
❻ 冬   ❼ 前   ❽ 後   ❾ 午   ❿ 夕   ⓫ 每

1 놀리는 아이들이 거의 없어서 **매일** 신나고 즐겁다.

2 할머니는 **저녁**이 되어서도 전화를 받지 않으셨다.

3 기와집 **앞**은 온통 아수라장이었어.

4 대**낮**이나 위험할 때면 몽당빗자루로 변합니다.

5 준희는 반에서 키가 가장 커서 맨 **뒤**에 앉았다.

6 **여름**이 되면 할머니집에 가서 물놀이를 한다.

7 어느새 찬 바람이 씽씽 불고, **겨울** 방학이 코앞으로 다가왔다.

8 **가을**날 메밀꽃 냄새가 납니다.

9 두 친구 **사이**의 오해가 풀리지 않아 걱정이야.

10 **봄**날 꽃잎이 흩날리는 것처럼 아름답게 보였습니다.

11 이**때**부터 나이에 상관없이 사람들이 죽게 되었지요.

틀린 그림 찾기

위와 아래의 그림을 비교하여 서로 다른 부분 10곳을 찾아보세요.

신나는 코딩 놀이

○ 다음 칸에서 계절과 관련 있는 한자만을 찾아 색칠하고 음에 해당하는 한자를 쓰세요.

	間	後				前
春	秋	夏	夕	冬	
午	時		春	每	秋	午
間	前		冬		春	夏
每		時		前	秋	
	夏	夕		後	間	時
	秋	春	冬	夏	午	

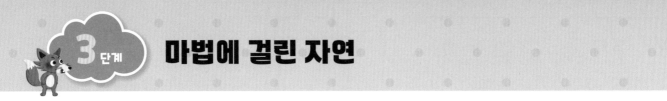

3단계 마법에 걸린 자연

부수 大(큰 대)　中 天(tiān) 티앤

4획 天 天 天 天

天　天　天
하늘 천　하늘 천　하늘 천

하늘 **천**

교과서 한자어 ・ 天才(천재) : 타고난 재주가 뛰어난 사람

부수 土(흙 토)　中 地(dì) 띠

6획 地 地 地 地 地 地

地　地　地
땅 지　땅 지　땅 지

땅 **지**

교과서 한자어 ・ 地方(지방) : 서울이 아닌 지역

부수 自(스스로 자)　中 自(zì) 쯔

6획 自 自 自 自 自 自

自　自　自
스스로 자　스스로 자　스스로 자

스스로 **자**

교과서 한자어 ・ 自由(자유) : 자기 마음대로 할 수 있는 상태

부수 灬(연화발) 中 然(rán) 란*

12획 然 然 然 然 然 然 然 然 然 然 然 然

然 | 然 | 然 |
그럴 연 | 그럴 연 | 그럴 연 |

그럴 **연**

교과서
한자어
· **自然**(자연) : 산, 강, 바다와 같이 저절로 이루어진 모든 것

부수 木(나무 목) 中 林(lín) 란

8획 林 林 林 林 林 林 林 林

林 | 林 | 林 |
수풀 림 | 수풀 림 | 수풀 림 |

수풀 **림**

교과서
한자어
· **密林**(밀림) : 나무가 빽빽하게 우거진 큰 숲

부수 艹(초두머리) 中 草(cǎo) 차오

10획 草 草 草 草 草 草 草 草 草 草

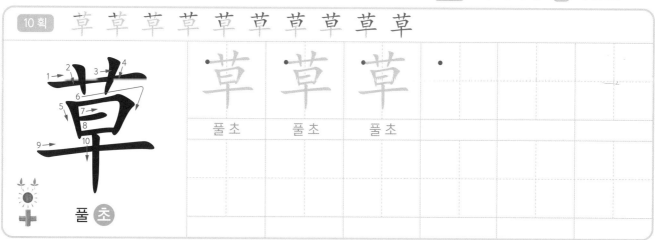

草 | 草 | 草 |
풀 초 | 풀 초 | 풀 초 |

풀 **초**

교과서
한자어
· **草食**(초식) : 풀이나 채소를 주로 먹음

12획 植植植植植植植植植植植植

植 植 植 植
심을 식 심을 식 심을 식

심을 **식**

• 植木日(식목일) : 나무를 심고 가꾸는 날

8획 花花花花花花花花

花 花 花
꽃 화 꽃 화 꽃 화

꽃 **화**

• 無窮花(무궁화) : 우리나라의 상징인 꽃

6획 江江江江江江

江 江 江
강 강 강 강 강 강

강 **강**

• 江山(강산) : 강과 산

부수 氵(삼수변) 中 海(hǎi) 하이

10획 海海海海海海海海海海

海 海 海 海

바다 해　바다 해　바다 해

바다 **해**

교과서
한자어 • 海賊(해적) : 바다에서 배를 타고 다니며 남의 것을 빼앗는 도둑

부수 川(내 천) 中 川(chuān) 츄안*

3획 川 川 川

川 川 川 川

내 천　내 천　내 천

내 **천**

교과서
한자어 • 山川(산천) : 산과 내, 자연을 이르는 말

연신내는
불광천(川)의 옛 이름
이에요.

1 주어진 훈(뜻) 음(소리)에 맞는 한자를 고르세요.

❶ 풀 초 　　草 / 莘 / 章

❷ 그럴 연 　　熱 / 愁 / 然

❸ 하늘 천 　　失 / 夫 / 天

❹ 수풀 림 　　株 / 林 / 材

❺ 땅 지 　　牪 / 地 / 拖

❻ 스스로 자 　　自 / 白 / 目

❼ 심을 식 　　棋 / 植 / 楂

❽ 강 강 　　江 / 汇 / 注

❾ 내 천 　　爪 / 刈 / 川

❿ 바다 해 　　母 / 海 / 每

⓫ 꽃 화 　　荏 / 花 / 死

2 다음 그림을 보고 연상되는 한자의 훈(뜻)과 음(소리)을 쓰세요.

❶  사람의 머리 위에 있는 하늘을 그린 모양

훈　　　음

❷  뱀이 서리고 있는 것과 같이 굴곡진 지형의 땅을 그린 모양

훈　　　음

❸ 얼굴의 중심인 코를 그린 모양

훈　　　음

❹ 고기를 불에 굽는 모습을 그린 모양

훈　　　음

❺ 두 그루의 나무를 그린 모양

훈　　　음

❻  들판에서 자라는 풀을 그린 모양

훈　　　음

❼  옛날에 문을 걸어 잠글 때 사용하던 곧은 나무를 그린 모양

훈　　　음

❽  땅속에 뿌리를 내리고 핀 꽃을 그린 모양

훈　　　음

❾  중국의 장강(長江)을 표현한 글자의 모양

훈　　　음

❿ 모든 물(강, 하천)이 모여서 만들어진 모양

훈　　　음

⓫ 하천을 따라 굽이쳐 흐르는 물을 그린 모양

훈　　　음

3 한자어의 뜻을 읽고 빈칸에 알맞은 한자를 쓰세요.

보기1   然　天　地　食　自　草

❶ 서울이 아닌 지역 ➡ | 지 | 방 | ➡ | | 방 |

❷ 산, 강, 바다와 같이 저절로 이루어진 모든 것 ➡ | 자 | 연 | ➡ | | |

❸ 풀이나 채소를 주로 먹음 ➡ | 초 | 식 | ➡ | | |

❹ 타고난 재주가 뛰어난 사람 ➡ | 천 | 재 | ➡ | | 재 |

❺ 자기 마음대로 할 수 있는 상태 ➡ | 자 | 유 | ➡ | | 유 |

보기2   日　山　江　花　木　海　川　植

❻ 산과 내, 자연을 이르는 말 ➡ | 산 | 천 | ➡ | | |

❼ 나무를 심고 가꾸는 날 ➡ | 식 | 목 | 일 | ➡ | | | |

❽ 바다에서 배를 타고 다니며 남의 것을 빼앗는 도둑 ➡ | 해 | 적 | ➡ | | 적 |

❾ 우리나라의 상징인 꽃 ➡ | 무 | 궁 | 화 | ➡ | 무 | 궁 | |

❿ 강과 산 ➡ | 강 | 산 | ➡ | | |

4 다음 밑줄 친 말에 해당하는 한자를 보기 에서 찾아 그 번호를 쓰세요.

보기
● 天   ❷ 地   ❸ 自   ❹ 然   ❺ 林
❻ 草   ❼ 植   ❽ 花   ❾ 江   ❿ 海   ⓫ 川

1 동물들은 보호색으로 <u>스스로</u> 몸을 지킵니다.

2 <u>숲</u>을 가꾸고 사람들이 들어갈 수 없는 곳을 정해야 한다.

3 <u>풀</u>잎을 기어다니는 애벌레는 몸이 초록색입니다.

4 공장에서 나온 폐수가 <u>땅</u>에 흡수 되면 환경이 오염돼요.

5 <u>하늘</u>은 비가 올 듯 회색빛이었지.

6 하다 보면 <u>그럴</u> 수도 있지.

7 <u>강</u>이 보이는 동네야.

8 저는 <u>꽃</u>을 가꾸는 꿈을 꿉니다.

9 콩 <u>심은 데</u> 콩나고 팥 <u>심은 데</u> 팥 난다.

10 앞마을 <u>냇가</u>에선 퐁퐁 포옹 퐁.

11 우리나라는 삼면이 <u>바다</u>로 되어 있다.

틀린 그림 찾기

위와 아래의 그림을 비교하여 서로 다른 부분 10곳을 찾아보세요.

○ 각 스케치북 속 한자를 살펴보고 보기 에 없는 한자를 찾아 ○하고 훈음을 써보세요.

보기

林 草 地 天 然 江 自

林 天 江
川 然 自

훈 음

自 花 然
林 江 天

훈 음

江 地 植
林 天 然

훈 음

天 海 然
自 林 地

훈 음

마음이 자라는 우리집

부수 女(여자 녀)   中 姓(xìng) 씽

8획 姓 姓 姓 姓 姓 姓 姓 姓

姓	姓	姓	
성 성	성 성	성 성	

성 **성**

교과서 한자어 · 姓名(성명) : 성과 이름

부수 口(입 구)   中 名(míng) 밍

6획 名 名 名 名 名 名

名	名	名	
이름 명	이름 명	이름 명	

이름 **명**

교과서 한자어 · 名作(명작) : 이름 난 훌륭한 작품

부수 老(늙을 로)   中 老(lǎo) 라오

6획 老 老 老 老 老 老

老	老	老	
늙을 로	늙을 로	늙을 로	

늙을 **로**

교과서 한자어 · 老後(노후) : 늙은 후

부수 小(작을 소) 中 少(shǎo) 샤오*

4획 少 少 少 少

少
적을 소

적을 소   적을 소   적을 소

교과서 한자어 · 少年(소년) : 어린 사내아이

부수 宀(갓머리) 中 家(jiā) 지아

10획 家 家 家 家 家 家 家 家 家 家

家
집 가

집가   집가   집가

교과서 한자어 · 家族(가족) : 결혼이나 핏줄로 이어진 사람들

부수 月(육달월) 中 育(yù) 위

8획 育 育 育 育 育 育 育 育

育
기를 육

기를육   기를육   기를육

교과서 한자어 · 育兒(육아) : 아이를 기름

7획 男 男 男 男 男 男 男

男 男 男

사내 남   사내 남   사내 남

사내 **남**

교과서
한자어 · **長男**(장남) : 첫번째로 태어난 아들

4획 夫 夫 夫 夫

夫 夫 夫

지아비 부   지아비 부   지아비 부

지아비 **부**

교과서
한자어 · **夫婦**(부부) : 남편과 아내

10획 祖 祖 祖 祖 祖 祖 祖 祖 祖 祖

祖 祖 祖

할아비 조   할아비 조   할아비 조

할아비 **조**

교과서
한자어 · **祖上**(조상) : 자기 세대 이전의 모든 세대

부수 子(아들 자) 中 孝(xiào) 시아오

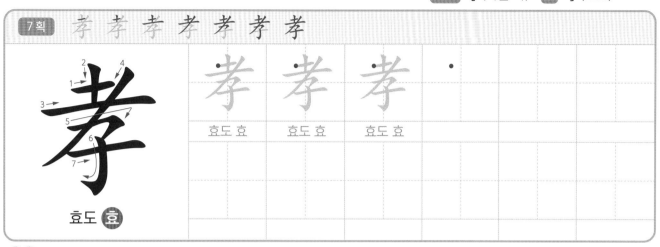

7획 孝孝孝孝孝孝孝

孝 孝 孝

효도 효 / 효도 효 / 효도 효

孝

효도 **효**

·**孝道**(효도) : 부모를 잘 모시는 것

부수 一(한 일) 中 不(bù) 뿌

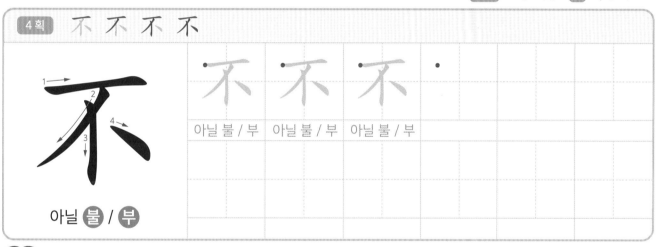

4획 不不不不

不 不 不

아닐 불 / 부 / 아닐 불 / 부 / 아닐 불 / 부

不

아닐 **불 / 부**

·**不安**(불안) : 마음이 편하지 아니하고 조마조마함

음식이 부족(不足)해서 받지 못한 친구들은 불평(不平)을 했어요.

1 주어진 훈(뜻) 음(소리)에 맞는 한자를 고르세요.

① 이름 명   各 / 多 / 名

② 성 성   姓 / 性 / 娾

③ 집 가   蒙 / 蒙 / 家

④ 늙을 로   老 / 孝 / 考

⑤ 적을 소   尐 / 小 / 少

⑥ 기를 육   斉 / 育 / 宵

⑦ 효도 효   老 / 孝 / 考

⑧ 사내 남   男 / 勇 / 畀

⑨ 아닐 불(부)   ネ / 丕 / 不

⑩ 할아비 조   粗 / 祖 / 組

⑪ 지아비 부   未 / 天 / 夫

2 다음 그림을 보고 연상되는 한자의 훈(뜻)과 음(소리)을 쓰세요.

❶ 여자에 의해서 태어나는 사람의 모양

훈　　음

❷ 밤에 누구인지를 찾기 위해서는 이름을 부르는 모양

훈　　음

❸  허리를 구부리고 지팡이를 짚고 걸어가는 노인을 그린 모양

훈　　음

❹ 튀어 나오는 네 개의(적은 수의) 파편을 그린 모양

훈　　음

❺  집 안에서 키우는 가축을 그린 모양

훈　　음

❻ 방금 출산한 엄마와 아이를 그린 모양

훈　　음

❼  밭과, 밭을 가는 쟁기를 그린 모양

훈　　음

❽  머리에 비녀를 꽂은 성인이 된 남자를 그린 모양

훈　　음

❾  조상의 무덤 앞에 있는 비석을 그린 모양

훈　　음

❿  노인을 업고 걸어가는 아들을 그린 모양

훈　　음

⓫ 움트려 하는 싹을 그린 모양

훈　　음

3 한자어의 뜻을 읽고 빈칸에 알맞은 한자를 쓰세요.

보기1　少　名　年　育　老　姓

① 성과 이름　➡　성 명　➡　□ □

② 이름 난 훌륭한 작품　➡　명 작　➡　□ 작

③ 늙은 후　➡　노 후　➡　□ 후

④ 어린 사내아이　➡　소 년　➡　□ □

⑤ 아이를 기름　➡　육 아　➡　□ 아

보기2　孝　長　上　夫　不　男　祖

⑥ 첫번째로 태어난 아들　➡　장 남　➡　□ □

⑦ 남편과 아내　➡　부 부　➡　□ 부

⑧ 자기 세대 이전의 모든 세대　➡　조 상　➡　□ □

⑨ 부모를 잘 모시는 것　➡　효 도　➡　□ 도

⑩ 마음이 편하지 아니하고 조마조마함　➡　불 안　➡　□ 안

4 다음 밑줄 친 말에 해당하는 한자를 **보기** 에서 찾아 그 번호를 쓰세요.

보기

① 姓   ② 名   ③ 老   ④ 少   ⑤ 家
⑥ 育   ⑦ 男   ⑧ 夫   ⑨ 祖   ⑩ 孝   ⑪ 不

1 준서는 **집** 에서 리코더 연습을 열심히 했어요.

2 항상 메모하는 습관을 **기르는** 것이 좋겠다.

3 아직 원님이 나이가 **젊어** 딱하다는 생각이 들었다.

4 너희 **이름** 은 뭐야?

5 "버들이는 강안이마을에서 **늙고** 병든 어머니와 둘이 살았어."

6 그 마을에는 **성** 이 강씨인 원님이 살고 있었어요.

7 사랑하는 처자를 가진 **지아비** 는 부지런할 수밖에 없다.

8 엄마 얼굴에다 콧수염이 있는 **남자** 가 네 외삼촌이야.

9 고사성어에는 옛 **조상** 들의 삶의 지혜가 담겨있어요.

10 "해코지하려는 게 **아니니** 염려 말게."

11 늙은 어머니에게 **효도** 하는 버들이가 참 예뻤어.

위와 아래의 그림을 비교하여 서로 다른 부분 10곳을 찾아보세요.

신나는 코딩 놀이

자판기에 있는 버튼을 누르면 어떤 간식이 나올지 찾아 같은 색으로 한자를 색칠하세요.

- 🔺 빨간색 버튼 : 음의 받침이 ㅇ인 한자
- 🔺 보라색 버튼 : 음의 받침이 없는 한자
- 🔺 초록색 버튼 : 발음이 두 개인 한자
- 🔺 노란색 버튼 : 음의 받침이 ㅇ이 아닌 한자

총정리문제 서로 반대 / 상대되는 한자를 빈칸에 써보세요.

1

1  手 ⟷ [ ]

손 수　　　　발 족

2  身 ⟷ [ ]

몸 신　　　　마음 심

3  夏 ⟷ [ ]

여름 하　　　　겨울 동

4  春 ⟷ [ ]

봄 춘　　　　가을 추

5  前 ⟷ [ ]

앞 전　　　　뒤 후

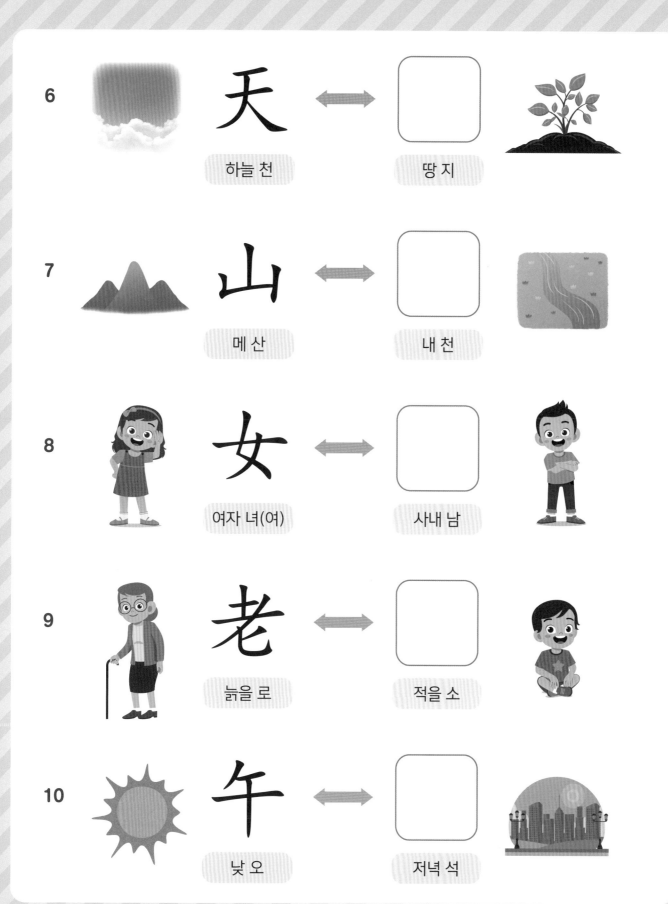

6 天 ← → ☐
하늘 천   땅 지

7 山 ← → ☐
메 산   내 천

8 女 ← → ☐
여자 녀(여)   사내 남

9 老 ← → ☐
늙을 로   적을 소

10 午 ← → ☐
낮 오   저녁 석

총정리문제 같은 음의 한자를 모두 찾아 동그라미 하세요.

2

1 교

校 家 孝 教

2 구

心 九 力 口

3 남

南 每 女 男

4 동

冬 西 東 活

5 명

홍길동

手 名 夕 命

6 부

夫 火 父 天

7 소

小 空 不 少

8 수

水 手 花 時

9 식

夏 植 春 食

10 육

六 秋 江 育

가로세로 낱말 퍼즐

힌트를 읽고 빈칸에 들어갈 한자를 쓰세요.

	❷ 人		❸ 生	
❶ 食			❹	力
	❻ 日		❼ 中	
❺ 空			❽	氣

보기　氣　心　口　活

 가로 열쇠

❶ 한 집에 모여 밥을 같이 먹는 사람
❹ 살아움직이는 힘
❺ 지구를 둘러싸고 있는 여러 기체
❽ 마음으로 느끼는 기분

세로 열쇠

❷ 한 곳에 사는 사람의 수
❸ 사람이나 동물이 움직여 살아감
❻ 날씨
❼ 한가운데

2

時 ①			春 ③	
食 ②	食		④	夕
⑤⑥	前		⑦⑧	年
後			日	

보기   每 午 秋 間

가로 열쇠

❷ 밥 먹는 시간 사이에 먹는 음식
❹ 한가위
❺ 밤 열두 시부터 낮 열두 시까지의 시간
❼ 해마다

세로 열쇠

❶ 어떤 시각에서 다른 시각까지의 사이
❸ 봄과 가을, 어른의 나이를 높여 이르는 말
❻ 낮 열두 시부터 밤 열두 시까지의 시간
❽ 날마다

가로세로 낱말 퍼즐

힌트를 읽고 빈칸에 들어갈 한자를 쓰세요.

3

	❷天		❸天
❶自		❹土	
❺❻	北	❼南	❽
南			草

보기 江 海 然 地

가로 열쇠 🗝

❶ 산, 강, 바다와 같이 저절로 이루어진 모든 것

❹ 땅

❺ 강의 북쪽

❼ 남쪽에 있는 바다

세로 열쇠 🗝

❷ 사람의 힘을 가하지 않은 상태

❸ 하늘과 땅을 아울러 이르는 말

❻ 강의 남쪽

❽ 바닷속에서 나는 풀

4

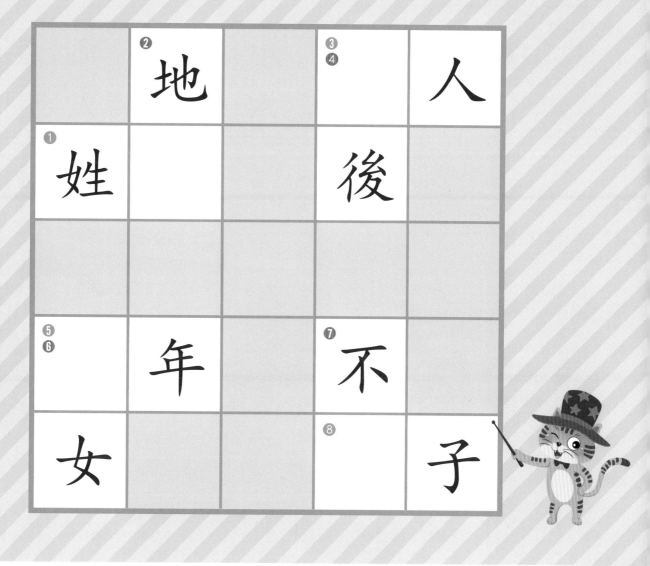

가로 열쇠

❶ 성과 이름
❸ 나이가 들어 늙은 사람
❺ 어린 사내아이
❽ 어버이를 잘 섬기는 아들

세로 열쇠

❷ 마을이나 지역의 이름
❹ 늙은 후
❻ 어린 여자아이
❼ 어버이를 잘 섬기지 못함

빈칸 채우기 다음 동화를 읽으며 빈칸에 알맞은 한자를 써 보세요.

1

南	生	天	軍	小	大	弟	命	民
國	年	土	兄	六	力	家	人	活

걸리버 여행기

걸리버는 외과 의사로 여행을 좋아하는 사람( )입니다.

어느 날 아픈 선원을 돌봐 달라는 부탁을 받고 형( )과 동생( )들을 떠나 남쪽( )으로 목숨( )을 건 여행을 시작합니다.

그런데 갈 때마다 재난이 생겨( ) 여러 나라( )에 혼자만 남게 되지요. 첫 해( )에는 달걀 깨는 법을 어겼다고 해서 군사( )를 보내 전쟁을 일으키는 작은( ) 사람들의 나라에도 가고, 걸리버가 작기 때문에 이성도 없을 것이라고 의심하는 큰( ) 사람들의 나라에도 갑니다. 하늘( )을 날아다니는 나라, 이상한 연구만 하는 나라, 백성( )들이 흙( ) 속에 묻힌 죽은 사람들을 불러내 이야기할 수 있는 나라에도 갑니다. 그리고 여섯( )번 째로는 이성을 가진 말들이 추악한 인간들을 지배하는 나라에도 갑니다.

그는 여러 나라에서 겪었던 힘든( ) 일들을 잊지 못하고 집( )에 돌아와서도 인간이 아닌 말과 함께 이야기하며 살아갑니다( ).

2

火	江	王	男	上	校	子	一	長
萬	日	父	二	學	家	先	自	寸

더글러스 부인과 그녀의 동생인 왓슨 아주머니는 허크를 교양 있는 사람으로

만들기 위해 먼저 ( ) 학교 ( ) ( ) 에 보내 교양을 배우게

( ) 했습니다. 그러던 어느 날 ( ), 허크가 가지고 있는 돈을 노린

술주정뱅이 아버지 ( ) 가 불 ( ) 같이 화를 내며 아들 ( )

허크를 찾아오자, 허크는 말 한 ( ) 마디 ( ) 못하고 끌려갑니다.

폭력적인 아버지에게서 탈출한 허크는, 왓슨 아주머니에게서 스스로 ( ) 도

망쳐 나온 짐이라는 흑인 남자 ( ) 노예와 함께 뗏목을 타고 긴 ( )

미시시피 강 ( ) 을 따라 여행을 하게 됩니다. 두 ( ) 사람은 뗏

목 위 ( ) 에서 여행을 하면서 여러 사람을 만나고, 수 만 ( ) 가

지 일을 겪습니다. 이유도 모르면서 서로를 미워하고 죽이기까지 하는 그레인저

퍼드와 셰퍼드슨 두 집 ( ) 안 사람들도 만나고, 평생 거짓말로 남들을 속

여 돈을 버는 가짜 왕 ( ) 과 공작도 만납니다. 어느 날, 톰을 만난 허크

는 왓슨 아주머니가 짐을 노예 신분에서 해방시켜 주었다는 말을 듣게 됩니다.

결국 짐은 자유를 얻고, 허크는 또다시 멋진 꿈을 꾸며 인디언 마을로 모험을 떠

납니다.

1단계

p.8

1
① 必 / 心 / 尤
② 氫 / 氧 / 氣
③ 會 / 盒 / 食
④ 足 / 是 / 定
⑤ 冂 / 口 / 日
⑥ 丰 / 毛 / 手
⑦ 力 / 九 / 刀
⑧ 官 / 空 / 室
⑨ 含 / 命 / 合
⑩ 洽 / 話 / 活
⑪ 使 / 偶 / 便

2
① 손 수
② 발 족
③ 입 구
④ 마음 심
⑤ 밥 식
⑥ 기운 기
⑦ 살 활
⑧ 목숨 명
⑨ 힘 력
⑩ 편할 편 / 똥오줌 변
⑪ 빌 공

3
① 박手
② 부足
③ 안心
④ 人口
⑤ 외食
⑥ 空氣
⑦ 능力
⑧ 人命
⑨ 불便
⑩ 活용

4
1. ⑧
2. ⑦
3. ①
4. ⑤
5. ③
6. ②
7. ⑥
8. ④
9. ⑪
10. ⑨
11. ⑩

틀린 그림 찾기

신나는 코딩 놀이

1

① 聞 / 問 / (間)

② (夏) / 复 / 宴

③ 衾 / (春) / 食

④ 峙 / 峙 / (時)

⑤ 称 / (秋) / 秩

⑥ 灸 / (冬) / 务

⑦ 從 / 復 / (後)

⑧ (午) / 牛 / 矢

⑨ 削 / (前) / 俞

⑩ 海 / 母 / (每)

⑪ 夂 / (夕) / 夕

2

① 때 시
② 사이 간
③ 봄 춘
④ 가을 추
⑤ 여름 하
⑥ 겨울 동
⑦ 앞 전
⑧ 뒤 후
⑨ 낮 오
⑩ 저녁 석
⑪ 매양 매

3

① 中間
② 입秋
③ 時계
④ 夏복
⑤ 春추
⑥ 午후
⑦ 夕양
⑧ 식後
⑨ 오前
⑩ 每일

4

1. ⑪
2. ⑩
3. ⑦
4. ⑨
5. ⑧
6. ⑤
7. ⑥
8. ④
9. ②
10. ③
11. ①

틀린 그림 찾기

신나는 코딩 놀이

	間	後			前
	春	秋	夏	夕	冬	
午	時		春	每	秋	午
間	前		冬		春	夏
每		時		前	秋	
	夏	夕		後	間	時
	秋	春	冬	夏	午	

답 : 間

3단계
p.28

1
① 草 莘 章
② 熱 愁 然
③ 失 夫 天
④ 株 林 材
⑤ 牠 地 抛
⑥ 自 白 目
⑦ 棋 植 楂
⑧ 江 汇 汢
⑨ 爪 刈 川
⑩ 母 海 每
⑪ 荏 花 死

2
① 하늘 천　② 땅 지　③ 스스로 자
④ 그럴 연　⑤ 수풀 림　⑥ 풀 초
⑦ 심을 식　⑧ 꽃 화　⑨ 강 강
⑩ 바다 해　⑪ 내 천

3
① 地방　② 自然　③ 草食
④ 天재　⑤ 自由　⑥ 山川
⑦ 植木日　⑧ 海적　⑨ 무궁花
⑩ 江山

4
1. ③　2. ⑤　3. ⑥
4. ②　5. ①　6. ④
7. ⑨　8. ⑧　9. ⑦
10. ⑪　11. ⑩

틀린 그림 찾기

신나는 코딩 놀이

林 天 江	自 花 然
川 然 自	林 江 天
훈 내　음 천	훈 꽃　음 화

江 地 植	天 海 然
林 天 然	自 林 地
훈 심을　음 식	훈 바다　음 해

4단계

p.38

1
① 各 多 (名)
② (姓) 性 娃
③ 蒙 蒙 (家)
④ (老) 孝 考
⑤ 尐 小 (少)
⑥ 斉 (育) 宵
⑦ 老 (孝) 考
⑧ (男) 勇 畀
⑨ 衤 조 (不)
⑩ 粗 (祖) 組
⑪ 未 天 (夫)

2
① 성 성
② 이름 명
③ 늙을 로
④ 적을 소
⑤ 집 가
⑥ 기를 육
⑦ 사내 남
⑧ 지아비 부
⑨ 할아비 조
⑩ 효도 효
⑪ 아닐 불 / 부

3
① 姓名
② 名작
③ 老후
④ 少年
⑤ 育아
⑥ 長男
⑦ 夫부
⑧ 祖上
⑨ 孝도
⑩ 不안

4
1. ⑤
2. ⑥
3. ④
4. ②
5. ③
6. ①
7. ⑧
8. ⑦
9. ⑨
10. ⑪
11. ⑩

틀린 그림 찾기

신나는 코딩 놀이

男 育 姓 夫 家
老 不 少 名 祖

총정리문제 p.44

1

1 足
2 心
3 冬
4 秋
5 後
6 地
7 川
8 男
9 少
10 夕

2

1 校 家 孝 教
2 心 九 力 口
3 南 每 女 男
4 冬 西 東 活
5 手 名 夕 命
6 夫 火 父 天
7 小 空 不 少
8 水 手 花 時
9 夏 植 春 食
10 六 秋 江 育

가로세로 낱말 퍼즐 p.48

1

	人		生	
食	口		活	力
	日		中	
空	氣		心	氣

2

時			春	
間	食		秋	夕
午	前		每	年
後			日	

3

	天			天
自	然		土	地
江	北		南	海
南				草

4

	地		老	人
姓	名		後	
少	年		不	
女			孝	子

빈칸 채우기

p.52

1 〈 걸리버 여행기 〉

사람(人), 형(兄), 동생(弟), 남쪽(南), 목숨(命), 생겨(生)
나라(國), 해(年), 군사(軍), 작은(小), 큰(大), 하늘(天)
백성(民), 흙(土), 여섯(六), 힘든(力), 집(家),
살아갑니다(活)

2 〈 허클베리 핀의 모험 〉

먼저(先), 학교(學校), 배우게(學), 날(日), 아버지(父),
불(火), 아들(子), 한(一) 마디(寸), 스스로(自), 남자(男),
긴(長), 강(江), 두(二), 위(上), 만(萬), 집(家), 왕(王)

쑥쑥 **급수한자** 쓰기노트 **7**급 상

초판 발행　　2024년 8월 20일

저자　　　　허은지 · 박진미
발행인　　　이기선
발행처　　　제이플러스
삽화　　　　김효지
등록번호　　제10-1680호
등록일자　　1998년 12월 9일
주소　　　　경기도 고양시 덕양구 향동로 217 KA1312
구입문의　　02-332-8320
팩스　　　　02-332-8321
홈페이지　　www.jplus114.com
ISBN　　　 979-11-5601-264-1

Memo

Memo